W0191322

INHALT

Straßenkarte im Einband
hinten innen

Freizeitkarte auf dem
Einband hinten außen

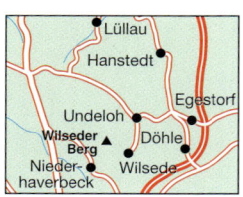

Blumen- und Bauern-
markt in Celle (oben). –
Im Totengrund (Mitte). –
Celler Altstadt (unten).

WILLKOMMEN IN DER HEIDE

«Die Lüneburger Heide ist keines Menschen Augenweide»
reimte der in Celle geborene Literaturhistoriker
Karl Goedeke noch im letzten Jahrhundert über seine Heimat.
Heute gehört das Land zwischen Aller und Elbe
zu den beliebtesten deutschen Urlaubsregionen.

Sinnbild von Gelassenheit und Ruhe: Heidschnuckenherde mit Schäfer.

Das weite Land mit seinen schweigenden Wacholdern, den Heidschnuckenherden und den vergessen daliegenden Höfen ist ein Synonym für unverbrauchte Natur, Stille und Einsamkeit. Unzählige Heimatfilme wurden und werden hier gedreht. Wie eine Fata Morgana erscheint dem Großstädter der Schäfer mit seiner Herde, der fern aller Hektik langsam über das Land zieht.

Wacholder, Wälder, Weite

Wer den Wilseder Berg einmal im purpurnen Farbenrausch erlebt hat, versteht, warum Millionen von Besuchern zur Heideblütenzeit hier zusammenströmen. Doch wer weiß denn schon um den Zauber der flußreichen Südheide, um die Ruhe in den tiefen Wäldern bei Bad Bevensen, um die Weite der Landschaft rund um

Im Museumsdorf Hösseringen.

Verden und um die winddurchwehte Elbromantik, die vom Wendland bei Hitzacker ausgeht? Zur Hälfte nur richtig ist die Sache mit der Melancholie: In kaum einer Gegend wird so oft und so gern gefeiert wie hier, wo man der Weinkönigin vom Rhein selbstbewußt eine Heidekönigin gegenüberstellt und wo man zum Kartoffelball bittet wie anderswo zum Opernball.

Bürgerhäuser und Residenzen

Mit einer außergewöhnlichen Mischung von höfischer und städtischer Noblesse warten die Städte Celle und Gifhorn auf, die alte Salzstadt Lüneburg glänzt mit Backsteingiebeln und dem besterhaltenen gotischen Rathaus Norddeutschlands, und in Uelzen spürt man die Weltoffenheit einer alten Hansestadt. Zu einer Reise in die Vergangenheit laden die sechs Heideklöster ein, hinter deren ehrwürdigen Mauern wertvolle Kunstschätze aufbewahrt werden. Auf dem Land begegnet man reetgedeckten Bauernhöfen, alten Dorfkirchen und Großsteingräbern aus der jüngeren Steinzeit.

Daß die Heide auch ein Eldorado für den erlebnishungrigen Urlauber ist, hat sich längst herumgesprochen. Ob man den Tag mit Reiten, Schwimmen, Radfahren, oder Wandern verbracht hat: Am Abend kann man im Heu nächtigen oder sich in einem der tradi-

In den Randgebieten der Heide kein seltener Anblick: der Weißstorch.

tionsreichen Luxushotels einquartieren. Zahlreiche Tier- und Freizeitparks bieten Unterhaltung für groß und klein. In Bispingen wurde vor kurzem der erste Center Park Deutschlands eröffnet, der den Urlaub wettersicher unter ein riesiges Glasdach holt. Subtropische Sommerträume werden hier auch dann noch wahr, wenn die Wacholderwelt ringsumher in Schnee und Eis erstarrt.

Die Lüneburger Heide auf einen Blick

Lage: Im Bundesland Niedersachsen zwischen den Großstädten Bremen, Hamburg und Hannover. Natürliche Grenzen bilden die Flüsse Weser, Aller und Elbe. **Geographie**: Zwei langgestreckte Endmoränenzüge gliedern die hügelige, eiszeitlich geprägte Landschaft. Ihre höchste Erhebung ist mit 169 Metern der Wilseder Berg. Die größten Städte der Region sind Lüneburg (61 000 Einwohner) und Celle (75 000 Einwohner). **Fläche**: Das Gebiet erstreckt sich über 7200 Quadratkilometer, davon entfallen allein 1450 Quadratkilometer auf die Naturparks Lüneburger Heide, Südheide und Elbufer-Drawehn. **Wirtschaft**: Haupterwerbszweig ist neben dem Tourismus die Land- und Forstwirtschaft.

ANREISE
MIT AUTO, BAHN UND FLUGZEUG

Mit dem Auto: Die Urlaubsregion zwischen Verden an der Aller, Winsen an der Luhe, Schnackenburg und Gifhorn ist mit Autobahnen und Bundesstraßen ver-

Wird noch mit Dampfkraft betrieben: der «Preußenzug».

kehrstechnisch hervorragend erschlossen. Reisende aus südlicher Richtung nähern sich der Lüneburger Heide auf der A 7 (Kassel–Hannover), Autofahrer aus den größeren Städten des Ruhrgebiets reisen auf der A 2 (Dortmund–Hannover–Braunschweig) an. Reisende aus dem Norden nehmen die A 7 (Flensburg–Hamburg–Hannover), die A 1 (Lübeck–Hamburg–Bremen), die A 27 (Bremerhaven–Bremen–Hannover), die A 29 (Wilhelmshaven–Bremen) oder die A 23 (Heide–Hamburg). Von Osten kommend führt der schnellste Weg über die A 2 (Berlin–Magdeburg–Braunschweig–Hannover) und die A 24 (Berlin–Hamburg).

Mit der Bahn: Lüneburg hat nur einmal täglich Intercity-Anschluß. Über die Bahnhöfe Hannover und Hamburg-Harburg, die in das ICE-/IC-/EC-Netz der Deutschen Bahn AG eingebunden sind, kann man jedoch die meisten Orte in der Lüneburger Heide bequem erreichen. Von beiden Verkehrsknotenpunkten aus verkehren Interregio-Züge, in denen man nach Voranmeldung auch ein Fahrrad mitführen kann.

Mit dem Flugzeug: Wer es ganz besonders eilig hat und zwei kostbare Wochenendtage voll ausnutzen möchte, für den liegt die Lüneburger Heide günstig zwischen zwei Großflughäfen: Von München, Köln oder Berlin aus ist man im Handumdrehen in Hannover oder Hamburg. Fahrplanmäßige Zubringerdienste verbinden beide Flughäfen mit den jeweiligen Hauptbahnhöfen.

Ein feuchtfröhliches Vergnügen: Ausflugsfahrten auf der Elbe.

Blick von der Stadtkirche auf die Fachwerkhäuser der Celler Altstadt.

Mit dem Bus: Ein Verzeichnis sämtlicher Veranstalter von Stadtrundfahrten, Heidefahrten und Tagesfahrten hält der Fremdenverkehrsverband Lüneburger Heide bereit (Barckhausenstraße 35, 21335 Lüneburg, Tel. 04131/73730). Zu den größten Anbietern gehört das «Anker-Reisebüro» in Lüneburg (Tel. 04131/31016).

Mit der Bahn: Der Eisenbahn verdanken die Heidjer den ersten großen Besucheransturm, und viele traditionsreiche Strecken blieben erhalten: Von Lüneburg und Winsen/Luhe aus dampft der «Heide-Express» nach Bleckede, Döhle und Egestorf (Tel. 04132/920919). Der «Ameisenbär» fährt von Soltau über Bispingen zum Naturschutzpark nach Döhle (Tel. 05191/84440). Der «Celler Land-Express» verkehrt im Sommer zwischen Celle und Müden/Örtze, (Tel. 05141/1212). Der «Preußenzug» schließlich bringt Fahrgäste von Celle nach Steinhorst, Wittingen, Hankensbüttel und Brome (Tel. 05371/82483).

Mit dem Schiff: Von Lüneburg aus startet die «Anker-Reederei» (Tel. 04131/31016) zu Flußfahrten auf der Ilmenau und der Elbe. Ein regelmäßiger Linienverkehr verbindet die Salzstadt mit Bardowick, wo Gelegenheit zum Besuch des Doms besteht. Im November finden jeden Sonntag die beliebten Grünkohl-Fahrten statt. Bei einem deftigen Essen an Bord wird man gemächlich über Ilmenau und Elbe bis in den Hamburger Hafen hinein geschippert.

Mit der Kutsche: Von den Kutschparkplätzen in Döhle, Undeloh, Nieder- und Overhaverbeck starten von Mai bis Oktober regelmäßig Fahrten ins Naturschutzgebiet Lüneburger Heide. Über weitere Möglichkeiten informieren die örtlichen Verkehrsämter.

5

Touristenmagnet im Herzen der Heide: der Steingrund bei Wilsede.

HIGHLIGHTS IN DER HEIDE

Die Lüneburger Heide hat viele Gesichter, und lila blühende Heideflächen sind nur eines davon. Steingräber, alte Bauernhäuser, Klöster, Kirchen und Schlösser laden zu einem Spaziergang durch die Geschichte ein.

Wappen am Amtsgericht von Bad Bevensen (oben). – Kloster Medingen (Mitte). – Schloß Ahlden (unten).

(Die Ziffern im Kreis verweisen auf die Straßenkarte im Einband hinten innen.)

■ **Ahlden** ①. Hauptanziehungspunkt des kleinen Orts an der Aller ist das 1579 errichtete *Fachwerkschloß*, das als Verbannungsort der Kurprinzessin Sophie Dorothea von Hannover traurige Berühmtheit erlangte. Der Innenhof ist werktags zu besichtigen. Zur Gemeinde Ahlden gehört der Ort *Hodenhagen* mit Deutschlands größtem Safaripark (März bis Oktober täglich 10–17 Uhr).

■ **Bad Bevensen** ②. Das ehemalige *Zisterzienserinnenkloster Medingen* im Norden des Heilbads stellt unter den sonst mittelalterlich geprägten Heideklöstern eine Ausnahme dar: Nachdem die Bauten des 14. Jahrhunderts einem Brand zum Opfer gefallen waren, entstand 1788 ein spätbarocker Komplex von schloßartiger Wirkung (Führungen April–Okt. Di–Sa 10 Uhr und 14–18 Uhr, So 11–12 Uhr und 14–18 Uhr). Traditionelles Kunsthandwerk zeigt das heimatkundliche *Museum Schliekau* (Führungen nach Voranmeldung unter Tel. 058 21/13 84).

■ **Bardowick** ③. Von der Zerstörung durch Heinrich den Löwen 1189 hat sich die einst so mächtige Fernhandelsstadt nie erholt. An ihre Blütezeit erinnert nur noch der mächtige *Dom*, dessen ältester Teil das spätromanische, doppeltürmige Westwerk ist. Besonders sehenswert ist das eichene Chorgestühl aus dem 15. Jahrhundert.

«Welch eine wunderliche Fehlmeinung bezeichnet die Lüneburger Heide als eintönig! Hier treffen Landschaftsbilder von erdenklichster Mannigfaltigkeit zusammen. Und auch das gehört zur Art der Heide, daß jedes einzelne sich erbötiger dem Blick überläßt und ihn zugleich strenger auf sich befiehlt als anderswo.» Der Dichter Werner Bergengruen, 1933.

■ **Bleckede** ④. Das kleine *Schloß*, dessen Nordflügel (1600) prächtiges Fachwerk zeigt, beherbergt heute ein Heimatmuseum (Besuch nach Voranmeldung unter Tel. 058 52/13 00). Jährlich Ende Mai bildet es die Kulisse für Bleckedes beliebten «Musikalischen Frühling». Über den Naturraum an der Elbe informiert das *Elbtalhaus* (Seite 48).

■ **Celle** ⑤. Der mit 75 000 Einwohnern größte Ort der Heideregion hat seit 1301 Stadtrecht und war von 1378 bis 1705 herzogliche Residenz. Aus der ursprünglichen Wasserburg der Herzöge von Celle-Lüneburg wurde im 16. Jahrhundert ein repräsentatives *Renaissanceschloß*, dem italienische

Schloßkonzert in Bleckede (oben). – Schnitzaltar im Bardowicker Dom (unten).

250 Großsteingräber soll es im letzten Jahrhundert noch in der Heide gegeben haben, doch nur zwölf sind bis heute der Zerstörung entronnen. Die Bezeichnung **«Königsgräber»** für die Anlage bei Haaßel nördlich von Bad Bevensen legt die Vermutung nahe, daß nur hochgestellte Persönlichkeiten auf diese Weise beigesetzt wurden.

Baumeister im 17. Jahrhundert den letzten Schliff verliehen. Höhepunkte sind die im Stil der Renaissance ausgestattete Kapelle und das älteste ständig bespielte Theater Deutschlands (Führungen April–Okt. Di–So 10, 11, 12, 14, 15, 16 Uhr, Nov.–März 11 und 15 Uhr). Chor und Sakristei der *Stadtkirche St. Marien* stammen aus der Gotik, ansonsten wird der Eindruck von der Umgestaltung des 17. Jahrhunderts bestimmt. Unter dem Chor mit

Der Flügelaltar in der Schloßkapelle (oben) zeigt die ältesten Ansichten von Schloß Celle. – Ein ruhiger Flecken in der Betriebsamkeit des Geschäftslebens: der Celler Schloßpark (Mitte). – Das Hoppener-Haus in der Poststraße besticht durch seine prachtvolle Fachwerkfassade (unten).

dem 1613 gestifteten Passionsaltar liegt die Fürstengruft der Herzöge von Celle-Lüneburg; die Westwand beherrscht der gewaltige barocke Orgelprospekt. Celles *Rathaus* wurde im 16. Jahrhundert unter Einbeziehung gotischer Teile neu erbaut. Illusionistische Dekorationsmalereien des 17. Jahrhunderts schmücken die Fassade. Prachtvolle *Fachwerkhäuser* bestimmen das einmalig geschlossene Ortsbild: Das berühmte ornament- und figurenreiche *Hoppener-Haus* (Poststraße 1) entstand 1532 für den herzoglichen Finanzminister Simon Hoppener; das *Stechinelli-Haus* (Großer Plan 14), im Barock erbaut, besitzt eine klassizistische Fassade.

Eine umfangreiche Sammlung zur Kulturge-
schichte der Region zeigt das *Bomann-Museum* am Schloßplatz (Seite 48). Einen Besuch im *Bieneninstitut* (Mo–Do 9–12 Uhr
und 14–16 Uhr, Fr 9–12 Uhr) kann man mit
einem Bummel durch den *Französischen
Garten* verbinden. Im *Niedersächsischen Land-
gestüt* sind edle hannoversche Warmblut-
pferde zu bewundern (Mo–Fr 8.30–11.30
Uhr und 15–16.30 Uhr, Sa 8.30–11.30 Uhr).

«Soeben entrissen
der hohen Poesie des
Harzes, gerieten wir
nun plötzlich in die
merkalste Reichs-
Prose Deutschlands –
in die weltberüchtigte
Lüneburger Heide.»
Joseph von Eichen-
dorff, 1805.

Dannenberg ⑥. Das Jeetzelstädtchen
sicherte einst als Festung die Elblinie nach
Osten. Von der Burg blieb nur der imposante
Waldemarturm erhalten, in dem im 13. Jahr-
hundert der Dänenkönig Waldemar II. gefan-
gengehalten wurde. In seinen Mauern ist ein
Heimatmuseum untergebracht (April–Okt.
Mi, Fr, Sa und So 14.30–17 Uhr).

Ebstorf ⑦. Das ehemalige *Benediktine-
rinnenkloster*, heute ein evangelisches Da-
menstift, wurde um 1160 gegründet. Zur
Ausstattung der Klosterkirche gehören ein
Bronzetaufbecken von 1310, ein barocker
Hochaltar und eine Kanzel der Renaissance.

Blumen- und Bauern-
markt in Celle (oben).
– Der Waldemarturm
in Dannenberg (unten).

Das Gifhorner Schloß war zehn Jahre lang Residenz der Welfenherzöge.

Die berühmte *Ebstorfer Weltkarte*, die als größte bebilderte Weltdarstellung des Mittelalters gilt, ist nur als Nachbildung zu sehen. Das Original verbrannte 1943 im Staatsarchiv Hannover (Führungen April–Okt. Mo–Sa 10 bis 11 Uhr und 14–17 Uhr, sonn- und feiertags 11.15 und 14–17 Uhr).

■ **Gartow** ⑧. 1710 ersetzte der herzoglich-cellesche Minister Andreas Gottlieb Graf von Bernstorff die ursprüngliche Wasserburg durch einen barocken *Schloßkomplex*. Leider kann man den Bau, der noch heute in Familienbesitz ist, nur durch die Gitter des Parks

Noch heute in Familienbesitz: Schloß Gartow (oben). – Die alte Holländermühle im Wind- und Wassermühlenpark Gifhorn (unten).

> In Vietze nördlich von Gartow informiert ein kleines **Höhbeck-Museum** über die Ausgrabungen bei Pevestorf (April–Sept., Mi, Sa und So ab 17 Uhr, Tel. 058 46/407). Im Anschluß kann man auf dem Höhbeck inmitten eines slawischen Ringwalls Kaffee und Kuchen bestellen.

betrachten – es sei denn, man besucht eines der zwischen April und Oktober stattfindenden *Schloßkonzerte*. Zugänglich ist dagegen die 1723 von Bernstorff erbaute *Georgskirche*; sie besitzt eine einheitlich barocke Ausstattung mit einer denkmalgeschützten Orgel aus der Arp-Schnitger-Schule.

«Es ist schwer zu sagen, welche Jahres- und Tageszeit in der Heide Auge und Herz am stärksten faßt. Das brütende Schweigen des Sommermittags? Oder das zögernde Emportauchen der geisterhaften Wacholderbäume aus dem weißlichen Nebel eines späten Herbstmorgens?»
Der Dichter Werner Bergengruen, 1933.

■ **Gifhorn** ⑨. Hier, an der Kreuzung von alter «Salzstraße» und «Kornstraße», ist schon 1296 eine Wasserburg bezeugt. Nach ihrer Zerstörung wurde ab 1525 ein befestigtes *Renaissanceschloß* errichtet, das von 1539 bis 1549 als Residenz diente. Der älteste Teil des Baus ist auch der bemerkenswerteste: Die Halbkreisgiebel des Torhauses sind in Nord- und Mitteleuropa einmalig. Teile des Schlosses beherbergen heute das *Historische Museum* (Seite 48), in das auch die sehenswerte *Schloßkapelle* einbezogen ist. Unter den Fachwerkhäusern Gifhorns ragt der «Ratsweinkeller» (1562, früher Rathaus) her-

vor; das *Kavalierhaus* wurde 1540 als herzogliches Gästehaus erbaut. Die *St.-Nikolai-Kirche* ist schon wegen des barocken Kanzelaltars (1744) sehenswert. Im Norden der Stadt lohnt der *Internationale Wind- und Wassermühlenpark* einen Besuch (Seite 48).

■ **Hankensbüttel** ⑩. Im *Otterzentrum* kann man die ehemals in Heideflüssen heimischen Fischotter, aber auch Dachse, Steinmarder

Kloster Isenhagen bei Hankensbüttel (oben). – Das idyllische Fachwerkstädtchen Hitzacker liegt an der Mündung der Jeetzel in die Elbe (Mitte). – Mittelalterliche Gewölbemalereien der Pankratiuskirche in Hankensbüttel (unten).

und Iltisse beobachten (März–Okt. tägl. 9.30 bis 18 Uhr). Sehenswerte Fresken und bäuerliche Barockmalereien birgt die *Pankratiuskirche* (um 1450). Kirche und Kreuzgang des *Klosters Isenhagen* stammen aus der Mitte des 14. Jahrhunderts; im Kircheninneren sind der gotische Passionsaltar und die Renaissancekanzel bemerkenswert. Das massige Lesepult entstand wohl aus einem romanischen Thronsessel. Das Klostermuseum des heutigen Damenstiftes zeigt Stickereien, von denen einige mit Heideflußperlen besetzt sind (Führungen April–Okt. Di–Sa 9–11 und 15 bis 17 Uhr, sonn- und feiertags 13.30–17 Uhr).

■ **Hermannsburg** ⑪. Lange bevor der Serengeti-Park und Walsrodes Vogelgehege Exotik in die Lüneburger Heide brachten, war man an der Örtze schon dem Ruf ferner Kontinente gefolgt – im Namen des Christentums. 1849 hatte hier der Pastor Ludwig Harms die Hermannsburger Mission gegründet – und wo überall in der Welt daraufhin «Heidjer» wirkten, macht das *Missionsmuseum* anschaulich (Ludwig-Harms-Haus, Di und Do 14–17 Uhr, So 11–12 Uhr). Als Zentrum der Bewegung (heute evangelisch-lutherisches Missionswerk) überragt die neugotische *Große Kreuzkirche* (1879) den Ort.

■ **Hitzacker** ⑫. Der reizvoll gelegene Luftkurort an der Jeetzel hat einen gut erhaltenen Bestand an *Fachwerkhäusern*. Das ehemalige *Zollhaus* (1589) dient heute als Heimatmuseum (April–Okt. Di–Fr 14.30 bis 17.30 Uhr, Sa und So 11–17 Uhr). In der schlichten *Johanniskirche* überrascht ein prächtiger klassizistischer Altar (nach 1824). Östlich von Hitzacker erstreckt sich die *Göhrde*, Norddeutschlands größtes Wald-

Bei Hitzacker (beide Bilder) liegt der nördlichste Weinberg Deutschlands: Nach jahrhundertelanger Pause wird dort heute wieder Wein angebaut. Ausflugsschiffe laden zu Rundfahrten auf der Elbe ein.

15

Farbenprächtige Balkeninschriften geben den Fachwerkhäusern im Rundlingsdorf Satemin bei Lüchow noch heute ihre besondere Note.

Die **St.-Remigius-Kirche** in Suderburg nördlich von Hösseringen kombiniert Fachwerk des 18. Jahrhunderts mit einem trutzigen romanischen Feldsteinturm. Im Ortsteil Holxen kann eine malerische alte **Wassermühle** besichtigt werden (Tel. 05826/1412).

gebiet, seit dem 17. Jahrhundert Jagdrevier der welfischen Herzöge. Vom barocken *Jagdschloß Göhrde* blieben nur einige Nebengebäude erhalten, in denen ein *Waldmuseum* untergebracht ist (März–Okt. So 10–12 Uhr und 14–17 Uhr).

■ **Hösseringen** ⑬ siehe Seite 18.

■ **Lüchow** ⑭. Nach einem verheerenden Brand 1822 erhielt die Stadt im Wendland ihr geschlossenes, von Fachwerkhäusern bestimmtes Ortsbild. Überbleibsel der ehemals wichtigen Burg am Handelsweg zwischen Hamburg und Magdeburg ist der *Amtsturm*, der heute als Heimatmuseum dient (April bis Okt. Mi und Sa 14–17 Uhr, So 10–12 Uhr und 14–17 Uhr). Eine bemerkenswerte Ausstattung besitzt die gotische *Backsteinkirche* (um 1370) im heutigen Ortsteil Plate.
Westlich liegen die schönen Rundlingsdörfer Lübeln und Satemin. Der «Wendlandhof» in Lübeln gewährt einen Einblick in die wendländische Bauernkultur (Seite 49).

Giebel von graphischem Reiz: Gitterfachwerk in Satemin.

EIN MUSS: DAS MUSEUMS-DORF HÖSSERINGEN

Das Museumsdorf Hösseringen liegt an einem traditionsreichen Ort: Zwischen 1532 und 1652 tagten in unmittelbarer Nachbarschaft die Nebengebäuden, die aus der Umgebung hierher versetzt wurden. Auf zehn Hektar geben 20 Gebäude einen Eindruck davon, wie man

Prachtstück des Freilichtmuseums Hösseringen: der Brümmerhof.

Landstände des Fürstentums Lüneburg. 1936 wurde der Platz umgestaltet und mit großen Findlingen als Versammlungsstätte für die Bauernführer der umliegenden Dörfer eingerichtet. Seit 1975 entsteht in der Nähe des «Landtagsplatzes» das «Museumsdorf Hösseringen – Landwirtschaftsmuseum Lüneburger Heide».

Vom Leben auf dem Lande

Das Museumsdorf ist ein Freilichtmuseum mit historischen Bauernhäusern und landwirtschaftlichen vom 16. bis 19. Jahrhundert in der Lüneburger Heide wohnte und wirtschaftete. Der beeindruckende *Brümmerhof* aus dem Jahr 1644 ist ein typisches Beispiel für die ländliche Bauweise dieser Region. Die Atmosphäre eines niederdeutschen Hallenhauses vermittelt das *Kötnerhaus* von 1750. In der alten *Dorfschmiede* führt ein Schmied sein Handwerk vor, mit der Kunst des Spinnens und Webens kann man sich in einer *Scheune* aus dem Jahr 1750 vertraut machen. In den übrigen Gebäuden werden Ausstellungen zu

Kochstelle und Wohnraum: das «Flett» im Niedersächsischen Hallenhaus.

den Themen «Schafhaltung und Schäfer», «Imkerei» oder «Vom Flachs zum Leinen» gezeigt. Zum Museumsdorf gehören weiterhin *Bauerngärten*, die in Anlage und Bepflanzung der Zeit zwischen 1900 und 1930 entsprechen.

Die Lüneburger Heide als Kulturlandschaft

Auf den angrenzenden *Anbau-flächen* werden regionaltypische Kulturpflanzen wie Buchweizen und Flachs angebaut. Im Freige-lände kann ein *Großsteingrab* aus der Jungsteinzeit besichtigt wer-den. Es liegt in einem Mischwald aus alten Baumbeständen, durch den ein *Waldgeschichtspfad* führt. Die angrenzende Heide zeigt ein Landschaftsbild, das bis 1900 für die Lüneburger Heide charakteri-stisch war. Rundum liegen große Waldungen, die erst in jüngerer Zeit durch die Aufforstung von

Bienenkorbflechter bei der Arbeit.

Heideflächen entstanden sind. Auf einem kleinen oder einem großen Rundgang kann man das Gelände in ein bis zwei Stunden durchwandern.
Öffnungszeiten: 15.3.–14.5. Di bis Sa 14–17.30 Uhr, sonn- und feiertags 10.30–17.30 Uhr, 15.5. bis 31.10. Di–So 10.30–17.30 Uhr, 1.11.–14.3. geschlossen.

Prachtfassade im Stil des Barock: das Lüneburger Rathaus.

■ **Lüneburg** ⑮. Die Hansestadt gehörte in ihrer Blütezeit zwischen 1460 und 1530 durch Salzgewinnung und -handel zu den reichsten deutschen Städten. Die Backsteinbauten aus dieser Epoche prägen das Stadtbild bis heute. Die Altstadt wird von drei Kirchen überragt: Der Turm der *Johanniskirche* (spätes 13. Jahrhundert) ist stolze 108 Meter hoch, im Inneren befinden sich ein spätgotischer Schnitzaltar und eine kostbare Orgel mit Barockprospekt. Die Krypta von *St. Michaelis* (1376–1434) war Grablege der Billunger und Welfen; Aufmerksamkeit verdient

die Steinkanzel mit der Kreuzigung Christi (1602). Der Turm von *St. Nikolai* ist neugotisch, die Ursprünge der Kirche liegen aber bereits im 15. Jahrhundert. Mittelpunkt der Altstadt ist das *Rathaus* am Markt, hinter dessen barocker Fassade sich ein mittelalterlicher Kern verbirgt. Den Platz *Am Sande* säumen prächtige Patrizierhäuser des 15. bis 18. Jahrhunderts. Die Bandbreite der Museen reicht vom *Brauereimuseum* über das *Deutsche Salzmuseum* bis hin zum *Museum für das Fürstentum Lüneburg* (Seite 49). Nordöstlich liegt das ehemalige *Benediktinerinnenkloster Lüne*. Das idyllische Ensemble entstand vom 13. bis 15. Jahrhundert (Führungen April–Okt. Di–Sa 9–11.30 und 14.30 bis 17 Uhr, So 11.30–12.30 und 14–17 Uhr).

Einer der schönsten Marktplätze Deutschlands: «Am Sande» in Lüneburg (oben und Mitte). – Das prächtige Sandsteinportal der Ratsapotheke (unten).

Liebevoll dekorierte Fensterfront in Schnackenburg (oben). – Ein eingespieltes Team: Schäfer und Hunde bei Wilsede (Mitte). – Von der bedeutenden Vergangenheit Uelzens zeugt die Stadtkirche St. Marien (unten).

■ **Müden an der Örtze** ⑯. Die 2000- Seelen-Gemeinde hat nicht nur eine schöne Umgebung, sie besitzt auch mehrere alte Bauernhäuser und eine gotische *Backsteinkirche* mit freistehendem Glockenturm (1729). Auf dem *Wietzer Berg* im Westen der Stadt erinnert ein Denkmal an Hermann Löns.

■ **Schnackenburg** ⑰. Das Elbstädtchen im Osten des Wendlands ist für sein malerisches Ortsbild bekannt. In der spätromanischen Kirche *St. Nikolaus* schwebt ein barocker Taufengel von der Decke. Schnackenburg ist Ausgangspunkt für Deichwanderungen und Schiffsrundfahrten auf der Elbe.

■ **Uelzen** ⑱. Der um 1250 gegründete Ort war als Mitglied der Hanse bis weit ins 16. Jahrhundert eine bedeutende Handelsstadt. Ansehnliche *Fachwerkhäuser* hat Uelzen bis heute zu bieten, von den durch Bränden zerstörten gotischen Backsteinbauten gibt die *Propstei* in der Pastorenstraße einen Eindruck. Das gotische *Rathaus* wurde 1791 im spätbarocken Stil umgestaltet. Die *Stadt-kirche St. Marien* (geweiht 1292, Chor von 1380) birgt Uelzens Wahrzeichen, das «*Gol-dene Schiff*», einen vergoldeten Tafelaufsatz (um 1200), den ein Kaufmann 1598 aus London mitbrachte. In der *Heilig-Geist-Kapelle* sind die Glasmalereien (um 1420) bemerkenswert. Mehr Zeit sollte man für das *Heimatmuseum* im nahe gelegenen Barockschloß Holdenstedt mitbringen (Seite 51).

■ **Undeloh** ⑲. Der Ort im Naturschutzpark Lüneburger Heide hat den Charakter eines alten Heidedorfs bewahrt. Der Westteil der kleinen *Magdalenenkirche* besteht aus Feldstein (Ende 12. Jahrhundert), der Chor aus Fachwerk (um 1640), der hölzerne Glockenturm steht getrennt. Im südlich gelegenen *Wilsede* bewahrt das Heimatmuseum «Dat Ole Huus» die typische Einrichtung eines Heidehofs (Seite 51). Vom *Wilseder Berg* mit seiner «Rekordhöhe» von 169 Metern genießt man eine herrliche Aussicht; malerisch-düster präsentiert sich der *Totengrund*.

Durch ihren Verbiß halten die Heidschnucken die Landschaft offen und verhindern, daß der Wald die Heide wieder verdrängt (oben). – Wahrzeichen der Stadt Uelzen: das «Goldene Schiff» (unten).

■ **Verden an der Aller** ⑳. Ob mit Hengst-
körungen, Reitturnieren oder Pferdeauk-
tionen: Alles dreht sich ums Pferd in der heutigen Kreisstadt, und alles, was sich über
Pferde zu wissen lohnt, erfährt man im ein-
zigartigen *Deutschen Pferdemuseum* (Di–So
9–16 Uhr). Der Name Verden aber hat nichts
mit Pferd zu tun, sondern kommt von Furt
(Ferdi): Der ehemalige Bischofssitz entstand
um 800 an einer seichten Stelle der Aller. An
diese Zeiten erinnert der die Stadt überra-
gende *Dom*, eine gotische Halle mit romani-
schem Turm. Zur Ausstattung gehören ein

Der Seeräuber Klaus
Störtebeker soll für den
Verdener Dom (oben)
sieben Fenster gestif-
tet haben. – Verdens
Flaniermeile: die
Große Straße (unten).

romanischer Taufstein und ein eichener Levi-
tenstuhl (um 1350). Sehenswert sind weiterhin die romanische *St.-Andreas-Kirche* und
die *St.-Johannis-Kirche* mit gotischen Wandmalereien. Im alten Stadtkern sind mehrere
schöne *Fachwerkhäuser* erhalten.

Eisenbahn-Nostalgiker können
auch im Weser-Land ihrer Lei-
denschaft frönen: Auf einer drei-
zehn Kilometer langen Privat-
strecke zwischen Verden/Aller
und Stemmen verkehrt an den
Sommerwochenenden eine
Museumseisenbahn.

Früher wurde auf der Strecke,
die bis nach Walsrode weiter-
führte, Kalisalz transportiert (Mai
bis Oktober ein Fahrplantag
pro Monat, Sonderfahrten auf
Anfrage. Information: Verein
der Eisenbahnfreunde Ver-
den e.V., Tel. 042 38/622).

■ **Walsrode** ㉑. Neben dem *Vogelpark* im Norden der Stadt (Seite 46) ist das ehemalige *Benediktinerinnenkloster* ein weiterer Anziehungspunkt. 1986 konnte das heutige Damenstift 1000jähriges Bestehen feiern und ist damit das älteste der Heideklöster; zumeist neueren Datums sind aber seine Bauten (Führungen April–Sept. tägl. 15, 16, 17 Uhr, Okt. tägl. 15, 16 Uhr). Im örtlichen *Heidemuseum* ist dem Dichter Hermann Löns ein eigenes Zimmer mit originalen Einrichtungsgegenständen gewidmet (Febr.–Dez. Mo–Sa 10–13 Uhr und 14–18 Uhr, So 14.30 bis 17.30 Uhr). Sein Grab liegt im *Tietlinger Wacholderhain* zwischen Walsrode und Fallingbostel. Die «*Sieben Steinhäuser*», jungsteinzeitliche Großsteingräber, liegen auf einem Truppenübungsplatz im Südosten von Fallingbostel und sind nur am ersten und dritten Wochenende im Monat zugänglich.

■ **Wienhausen** ㉒. Zu den Hauptwerken mittelalterlicher Baukunst in Norddeutschland wird das *Zisterzienserinnenkloster*

Der Vogelpark Walsrode lockt Besucherscharen an: Mit 24 Hektar Fläche ist er der größte Vogelpark der Welt (oben). – Im Heimatmuseum von Walsrode ist ein Löns-Zimmer mit vielen persönlichen Gegenständen des Heidedichters zu besichtigen (unten).

Das etwas schwerfällig wirkende Schloß in Winsen/Luhe wurde auf den Resten einer alten Wasserburg erbaut (oben). – Nonnenchor im Kloster Wienhausen (unten).

«Die ganze große Heide war eine Welt von Wunderwerken. Wie künstlich war nicht jedes Blumenblatt gewebt – und welche Unendlichkeit des Himmels darüber.» Hans Christian Andersen, 1831.

Wienhausen in den parkartigen Allerauen gezählt. Das Zusammentreffen der getreppten Backsteingiebel des Klostertrakts (1310) und des Nonnenchors (1330) ergibt ein beeindruckendes Bild. Der Nonnenchor ist vollständig mit Wandmalereien (um 1335) geschmückt, der Schrein des «Heiligen Grabes» in der Mitte (geweiht 1448) enthält eine ältere Christusfigur. Der große Flügelaltar (1519) baut sich um eine Madonnenfigur auf. Bedeutend sind auch die Glasfenster im Chorgang (1330/40) und die lebensgroße, farbige Statue der Agnes von Meißen, die um 1320 das Kloster gründete. Wienhausens berühmte Bildteppiche sind nur begrenzt zugänglich (Führungen April–Okt. werktags 10, 11, 14, 15, 16 und 17 Uhr, sonn- und feiertags 12, 13, 14, 15, 16 und 17 Uhr).

Als ihren «größten Sohn» ehrt die Stadt Winsen **Johann Peter Eckermann**. Der Vertraute und literarische Gehilfe Goethes wurde am 21. September 1792 hier geboren. Bekannt wurde Eckermann durch die «Gespräche mit Goethe in den letzten Jahren seines Lebens».

■ **Winsen an der Luhe** ㉓. Drei große Brände vernichteten viel Bausubstanz im 1293 erstmals als Stadt genannten Winsen; unter den verbliebenen Bürgerhäusern sticht das *Blaufärberhaus* in der Luhestraße hervor, ein Fachwerkbau des 16. Jahrhunderts. Winsens stattliches Schloß, eine Dreiflügelanlage aus Backstein mit Fachwerk im Innenhof (nur er kann besichtigt werden), erhielt seine heutige Form, als Herzogin Dorothea von Lüneburg hier 1592 ihren Witwensitz nahm. Im früheren *Marstall*, in dem auch Konzerte stattfinden, zeigt das Heimatmuseum seine Sammlung (Di–Fr 15–18 Uhr, Sa und So 10 bis 13 und 15–18 Uhr). Die *Marienkirche*, eine zweischiffige Backsteinhalle (Ende 14. Jahrhundert, Westturm 19. Jahrhundert), zeigt den Einfluß der Lüneburger Sakralarchitektur.

Kostbarster Schatz des Klosters Wienhausen (großes Bild) sind neun gestickte Bildteppiche. – Schloßhof (oben) und Altstadt (unten) von Winsen/Luhe.

Direkt an der Ilmenau liegt die 1576 erbaute Lüner Mühle.

Die geschnitzten Pferdeköpfe am Giebel schützen das Reet an den Firstenden vor Windangriff.

«Vier hohe Zeiten kennt die Heide», notierte schon Hermann Löns, «einmal im Jahr blüht sie.» Die Tagestour, die am Stein- und Totengrund vorbei zum Wilseder Berg führt, hat denn auch besonders im Spätsommer ihren Reiz, wenn die braungrünen Flächen sich in einen violetten Blütenteppich verwandeln.

> Die Wanderung von Overhaverbeck durch den Stein- und Totengrund nach Wilsede und zurück über den Wilseder Berg ist insgesamt etwa **13 Kilometer** lang. Als reine Gehzeit sollten **3 1/2 Stunden** veranschlagt werden. Mit einer ausgedehnten Rast und Museumsbesuch in Wilsede dauert sie etwa **5 Stunden**.

Viele Wege führen ins Paradies. Wer die Autobahn A 7 benutzt, die Lebensader der Heide, sollte sie an der Abfahrt Bispingen verlassen. Über Behringen führt die Straße dann nach Overhaverbeck. Der aus vier Höfen bestehende Ort ist als Ausgangspunkt für Wanderungen geeigneter als das überlaufene Undeloh.

Durchs Wacholdermeer

Vom großen Parkplatz aus wandert man nach einem kurzen Anstieg erst einmal in Richtung *Wilsede*, verläßt die breite Kopfsteinpflasterstraße allerdings schon nach einem halben Kilometer wieder, weil hier halbrechts ein Weg abzweigt, der – weitaus romantischer als der «Heide-Highway» –

über den *Stein- und Totengrund* nach Wilsede führt. Für den Umweg wird man umgehend belohnt. Birken von scheinbar biblischem Alter säumen als bizarre Begleiter den schmalen Pfad. Im

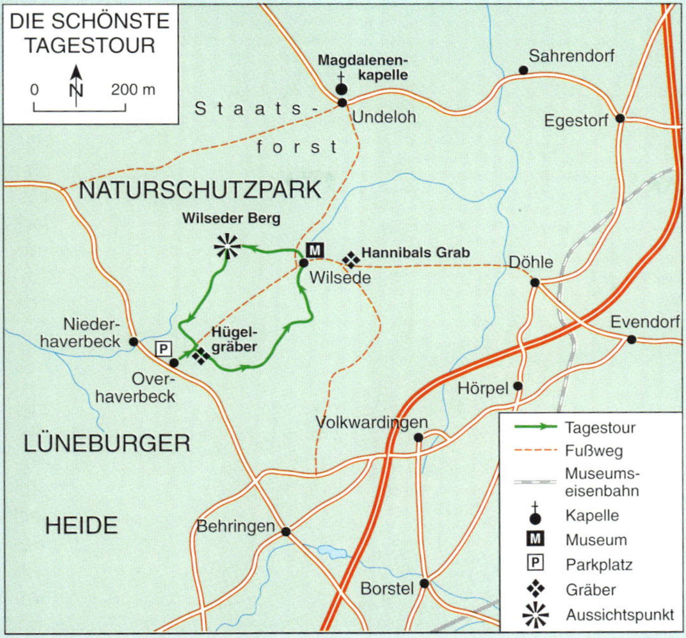

DIE SCHÖNSTE TAGESTOUR

0 N 200 m

Staats-forst

Magdalenen-kapelle

Sahrendorf

Undeloh

Egestorf

NATURSCHUTZPARK

Wilseder Berg

Hannibals Grab

Döhle

Wilsede

Nieder-haverbeck

Hügel-gräber

Evendorf

Over-haverbeck

Hörpel

LÜNEBURGER

Volkwardingen

→ Tagestour
--- Fußweg
Museums-eisenbahn
Kapelle
M Museum
P Parkplatz
Gräber
Aussichtspunkt

HEIDE

Behringen

Borstel

Fast schon ein «Wald» von Wacholderbüschen: im Steingrund bei Wilsede (links). – Die Einzelhöfe der Lüneburger Heide sind fast immer von einem Gehölz aus Buchen und Eichen umgeben (unten).

Steingrund ist es dann ein schwerer Findling, der die Rolle als Wegweiser übernommen hat. Wer ihm in Richtung *Wilsede* folgt, wandert bald schon über die weiten, mit jahrhundertealten Wacholdern bedeckten Heideflächen des Steingrundes zum 143 Meter hohen Aussichtsplateau über dem *Totengrund* hinauf. Wie ein wellenreiches Meer sieht man hier die Talsenke unter sich liegen.

Der Name, so sagen die Einwohner, rühre daher, daß man früher die Verstorbenen aus Wilsede auf diesem Weg nach Bispingen auf den Friedhof fuhr. Noch heute scheinen die schmalen, sandigen Pfade direkt in den Hades zu führen.

Durchaus lebendig präsentiert sich dagegen der hübsche Heideort *Wilsede*, den man über gut ausgeschilderte Wege nach einer

Wilsede, 1287 erstmals urkundlich erwähnt, ist Deutschlands eigentümlichstes Dorf: Das Ensemble historischer Gebäude mit seinen jahrhundertealten Eichen (40 Einwohner, zwei Heidschnuckenherden) kann nur zu Fuß, mit Kutsche, Fahrrad oder Pferdeschlitten erreicht werden. Am Abend senkt sich eine geradezu altmodische Stille auf seine Dächer herab.

Einklang zwischen Mensch und Natur: Schäfer bei Undeloh.

weiteren halben Stunde Fußmarsch erreicht. Mit dem Duft von frischgebackenem Kuchen lockt der *Gasthof «Heidemuseum»* den Wanderer in das mit alten Bauernmöbeln ausgestattete Haus. In dem als Heimatmuseum eingerichteten *«Olen Huus»* schräg gegenüber gewinnt man eine Vorstellung davon, wie es war, als Mensch und Vieh noch gemeinsam unter einem Dach lebten.

Auf den Wilseder Berg

Wer nicht über Nacht bleibt (Pension oder Gasthof unbedingt vorher buchen), der wählt den Rückweg über den *Wilseder Berg*, der mit beachtlichen 169 Metern nicht nur die höchste Erhebung der Lüneburger Heide ist, sondern den Wanderer auch mit einem unvergleichlichen Rundblick belohnt. Im Dienst der Wissenschaft

In *Overhaverbeck* bietet sich eine kurze Rast an, ehe man den Ausflug mit einer Autofahrt nach *Egestorf* ausklingen läßt. Hier, in dem Dorf mit seinen alten Höfen, hat von 1885 bis 1923 Pastor Wilhelm Bode gelebt. Dank seines Einsatzes wurde der Wilseder Berg dem Zugriff von Bodenspekulanten entzogen und als erstes Gebiet in Deutschland unter Natur-

Rast im Heidekraut: Wanderer im Naturschutzpark Lüneburger Heide.

hat das «Wacholder-Matterhorn» auch schon gestanden: Der berühmte Mathematiker Karl Friedrich Gauß wählte die Kuppe 1822 als Fixpunkt für seine Landvermessungen. Wegen des geringen Höhenunterschieds ist der Fußweg bergab nach *Overhaverbeck* ohne große Anstrengung zu bewältigen. Für müde Wanderer, denen der Rückweg dennoch zu beschwerlich ist, steht in Wilsede das «*Heidetaxi*» bereit: Ein Kutschwagen bringt den Fahrgast gemächlich schaukelnd ans Ziel.

Zur Heideblüte reißt der Kutschenstrom nach Wilsede kaum ab.

schutz gestellt. In der 350 Jahre alten Fachwerkkirche St. Stephanus steht noch die Kanzel, von der Bode gegen die Naturzerstörung wetterte. Heute finden hier in den Sommermonaten Konzerte statt, die den Tag besonders stimmungsvoll ausklingen lassen.

Während der Wilseder Berg zur Heideblüte stellenweise recht überlaufen ist, kann der Wanderer im Naturpark Südheide noch mit sich allein sein. Sehenswerte **Heideflächen** gibt es weiterhin rund um Amelinghausen, auf dem Brunsberg bei Buch-holz und im Landkreis Rotenburg bei Elm und Eversen. Im Landkreis Uelzen blüht die Heide bei Ellerndorf, Bad Bevensen und Bodenteich; im Bereich Gifhorn liegen die Bokeler Heide, der Heilige Hain und die Schnuckenheide Repke.

DAS BESONDERE SOUVENIR

**Die schönsten Mitbringsel findet man auf dem Land:
An malerisch dekorierten Ständen bieten Bauern ihre
Erzeugnisse zum Verkauf an. Von den berühmten
Kartoffeln im Zentnersack bis hin zu Honig, Blaubeerwein
und Spargel gibt es hier alle Köstlichkeiten der Heide.**

Blumen, Beeren und ein nettes Lächeln: Hofverkauf einer Heidebäuerin.

◼ Originelles

Die Solestadt Lüneburg hält Salz- und Pfefferstreuer in Form alter Patrizierhäuser als Mitbringsel bereit (Verkehrsverein). Typisch für Bad Bevensen sind gedrechselte Leuchter, die nach alter Tradition am Weihnachtsmorgen brennend in die Kirche getragen werden (*Buchdruckerei «Schliekau»*, Kurze Straße 4). Wer in Uelzen «de Uhl im Sack» erwirbt, nimmt einen in grobe Jute verpackten Wacholderschnaps mit nach Hause (in allen Weinhandlungen). Und Celle sollte man nicht ohne eine Flasche «Ratzeputz» im Gepäck verlassen: Der Ingwerlikör genießt einen legendären Ruf als Wunderheiler nach wilden Gelagen («*Ratzeputz-Haus*», Zöllnerstraße 19/20).

◼ Kunsthandwerk

Überall in der Heide arbeiten Kunsthandwerker auf hohem Niveau: Die *Zinngießerei «Röder»* in Soltau blickt als Familienbetrieb auf eine lange Tradition zurück (Scheibenstraße 6). Hauchdünne Kunstwerke aus mundgeblasenem Glas können in der *Glasbläserei* in Bavendorf erworben werden (Im Dorfe 10). Blaudrucke mit traditionellen Dekors werden in Scheeßel im *Meyerhof* (Seite 50) hergestellt. Nach alten Mustern handgewebte Stoffe findet man in der *Handweberei «Landwehr»* in Medingen direkt neben dem Kloster. Holzspielzeug und Krippen stellt die *Werkstatt «Lotte Sievers-Hahn»* in Brockel bei Rotenburg her (Bahnhofstraße 92).

Traditionsreiches Kunsthandwerk: Die Zinngießerei Röder in Soltau.

■ **Kulinarische Spezialitäten**

Die «*Konditorei Rauno*» in Lüneburg bietet erlesenes Gebäck an, darunter Baumkuchen nach einem Rezept, das schon Kaiser Wilhelm zu schätzen wußte (Bäckerstraße 13). Hervorragende Weine aus aller Welt kann man in der seit 1564 durchgehend betriebenen «*Ratsweinhandlung*» in Uelzen erstehen (Bahnhofstraße 42). Der Meißendorfer «*Käsehof*» lädt jeden Donnerstag von 14 bis 16.30 Uhr zur Besichtigung mit anschließendem Verkauf hauseigener Produkte ein (Breliendammer Weg 5). In Hermannsburg verkauft ein *Korbimker* aromatischen Heidehonig (Backebergsmühle). Forellen und Aale aus eigener Räucherei hält

der «*Forellenhof Aschauteiche*» in Eschede bereit (Aschauteiche 1). Mit der «Celler Bierkiste» bietet die Brauerei «*Carl Betz*» aus Celle das berühmte «Urtrüb», ihr Pilsener und das Celler Dunkel als Dreierpack an (örtliche Getränkehandlungen). Das originellste Souvenir vertreibt die Elbstadt Hitzacker:

Noch heute werden in der Heide nach alten Mustern Stoffe bedruckt.

Wer hier eine Flasche Wein erwirbt, kann sicher sein, daß der Rebsaft von Deutschlands nördlichstem Weinberg stammt. Je nach Jahrgang werden an dem von der Sonne verwöhnten Elbhang zwischen 100 und 200 Flaschen geerntet (Verkehrsverein und örtliche Weinhandlungen).

«Heitmanns Hökerladen» in Undeloh ist eine wahre Fundgrube für Liebhaber von Kunsthandwerk und Kuriositäten. Hier finden Sie alles, was die Lüneburger Heide an Originellem zu bieten hat: Getöpfertes und Getischlertes, Gesponnenes und Gewebtes. Wenn Sie gerne kramen und stöbern: Hier kommen Sie voll und ganz auf Ihre Kosten (Wilseder Straße 8). Ein Tip für Wochenendausflügler: «Heitmanns Hökerladen» hat auch an Sonntagen geöffnet.

ESSEN UND TRINKEN

Eine «Mast- und Liegekur» hat Hermann Löns das Leben in der Heide genannt, denn hier muß niemand darben. Dabei entspricht es dem Lebensgefühl der Heidjer, Deftiges mit Raffiniertem zu verbinden. Der berühmte Heidschnuckenbraten ist nur ein Beispiel dafür ...

■ REGIONALE SPEZIALITÄTEN

Celle

Der «Ratskeller» ist das älteste Wirtshaus Niedersachsens. Auf der Speisekarte stehen köstliche Wildgerichte wie Hirschragout oder Wildschweinkeule.
Am Markt 14
Tel. 051 41/290 99

Beim «Schweine-Schulze», dem heimlichen Rathaus von Celle, werden nach alter Tradition bei deftigen Gerichten die lokalen Probleme gelöst.
Neue Straße 36
Tel. 051 41/229 44

Gifhorn

Das «Deutsche Haus» ist bekannt für die Qualität seiner Spargelgerichte, die hier besonders frisch auf den Tisch kommen.
Torstraße 11
Tel. 053 71/81 80

Das Restaurant «Rauch» verwöhnt seine Gäste mit freundlicher Bedienung und deftiger Hausmannskost: Das Speiseangebot reicht von Kartoffelsuppe mit Blutwurststrudel bis hin zu Kaiserbarsch in Bärlauch.
Kellerberg 1
Tel. 053 71/517 82

Hermannsburg

Den Ruf von «Völkers Hotel» begründen neben regionalen Tanzveranstaltungen deftige Gerichte wie Grünkohl mit Brägenwurst.
Billing-Straße 7
Tel. 050 52/80 97

Hitzacker

Die «Drawehner Dorfschenke» ist der älteste und gemütlichste Gasthof am Ort. Die meisten Gäste schnacken hier noch platt.
Drawehnertorstraße 7
Tel. 058 62/303

Vom Bauernhof frisch auf den Tisch

Typische Heideprodukte sind Kartoffeln, Spargel und Waldbeeren, die in vielen Landgasthöfen als Beilage zu Heidschnuckenbraten, Wildgeflügel und Forellen serviert werden. Als Dessert haben die früher als ärmlich angesehenen Buchweizentorten und -pfannkuchen eine Renaissance erlebt. Bei der Verdauung hilft ein «Ratzeputz» oder ein klarer Korn, den die Heidjer «Köm» nennen.

Ein Muß: Heidschnuckenbraten.

Lüneburg

Im traditionsreichen «*Ratskeller*» schlemmt man unter gotischen Kreuzgewölben. Als Spezialität des Hauses gilt der zartgeräucherte Heidschnuckenschinken mit Preisselbeer-Meerrettich.
Am Markt 1
Tel. 041 31/317 57

In den historischen Räumen des «*Kronen-Brauhauses*» wird in regelmäßigen Abständen eine sogenannte «Brauerei-Kumpaney» abgehalten, bei der nach altem Brauch gezecht und getafelt wird.
Heiligengeiststraße 39–41
Tel. 041 31/71 32 00

Im nahe gelegenen Heiligenthal lohnt «*Hotel Wassermühle*» einen Besuch: Rund um das romantische Anwesen scheint die Zeit stehengeblieben zu sein. Das Gastwirtsehepaar Zackariat setzt auf eine am Marktangebot orientierte frische Küche. Forellen und Aale steuert die hauseigene Räucherei bei. Eine ausgesuchte Weinkarte rundet das Angebot ab.
Heiligenthal
Tel. 041 35/71 57

Müden an der Örtze

Wo Deutschlands einzige Heidschnucken-Bockauktion stattfindet, versteht man sich auch auf die Zubereitung eines guten Bratens. Das «*Landhotel Bauernwald*» besticht durch seine einfallsreiche regionale Küche.
Alte Dorfstraße 8
Tel. 050 53/588

Uelzen

Das gemütliche Restaurant «*Ausspann*» macht seinem Namen alle Ehre: Hier atmet alles die Gediegenheit einer alten Hansestadt.
Lüneburger Straße 47
Tel. 05 81/909 30

Deftige Küche in rustikalem Ambiente: «Völkers Hotel» in Hermannsburg.

Geschmackvolles Interieur: das Restaurant «Endtenfang» in Celle.

Verden an der Aller

«Pades Restaurant» gilt als beste Adresse der Stadt und den Nachteilen der geographischen Lage zum Trotz kocht Chefkoch Wolfgang Pade zur Zeit besser denn je. Seine Wildgerichte sollte man sich auf keinen Fall entgehen lassen.
Anita-Augspurg-Platz 7
Tel. 042 31/30 60

■ **FEINSCHMECKERLOKALE**

Celle

Wer einmal so richtig schlemmen möchte, kehrt im Restaurant *«Endtenfang»* im Hotel Fürstenhof ein. Das Ambiente ist hier genauso anspruchsvoll wie die Küche: Kostbare Wandteppiche und edle Lederbänke bilden den Rahmen für die Kreationen des Küchenchefs. Spezialität des Hauses: Salzwiesenlamm in Ratatouillekruste. Für Gäste, die nur einen kleinen Imbiß zu sich nehmen wollen, steht das «Kutscherstübchen» bereit.
Hannoversche Straße 55/56
Tel. 051 41/20 10

Ein beliebter Treffpunkt in der Celler Innenstadt ist *«Rissmanns Feinschmeckertreff»*. Besonders stolz ist man hier auf die große Auswahl an Heidschnuckengerichten und selbst hergestellten Terrinen. Im angeschlossenen Feinkostladen (geöffnet 11–23 Uhr) kann man die Spezialitäten des Hauses auch als Mitbringsel für zu Hause kaufen.
Am Heiligen Kreuz 33
Tel. 051 41/90 70 00

■ **CAFÉS**

Celle

Besonders beliebt sind im *«Café Kraemer»* die Plätze im ersten Stock: Mit Blick auf die Stadtkirche schmecken Kaffee und Kuchen nochmal so gut.
Stechbahn 7, Tel. 051 41/21 74 21

Beim **Spargelessen** in Rosche, einem Erholungsort in der Nähe von Uelzen, kann man sich an dem königlichen Gemüse endlich mal so richtig satt essen. Außer einer Übernachtung beinhaltet das attraktive Wochenendarrangement zwei opulente Spargelessen und ein «Carepaket», in dem sich dann noch einmal ein Kilo der begehrten Stangen befindet (Auskunft über Termine und Preise erhält man bei «Werners Gasthaus», Lönsstraße 11, 29571 Rosche, Tel. 058 03/5 55).

Lüneburg

Die köstliche Nußtorte des «Café Rauno» ist bei Ratsherren-Gattinen genauso beliebt wie bei den Schülern der umliegenden Gymnasien. Sonntags steht ein reichhaltiger Brunch bereit.
Bäckerstraße 13
Tel. 04131/44526

Wer das Museum im nahe gelegenen Barockschloß Holdenstedt besucht hat, wird anschließend gerne in den stilvoll eingerichteten Räumen des «Schloßcafés» einkehren. Im Sommer stehen Tische und Stühle im weitläufigen Park.
Schloßstraße
Tel. 0581/72252

An warmen Tagen sitzt man im Freien: «Schloßcafé» in Holdenstedt.

Uelzen

In der engen Gasse vor dem «Stadtcafé» werden im Sommer Tische und Stühle aufgestellt. Wer einen der begehrten Plätze im Freien ergattert, braucht über Langeweile nicht zu klagen: Tout le monde flaniert hier vorbei, und bei einer Tasse Kaffee vergeht die Zeit wie im Flug.
Hannemannsche Twiete
Tel. 0581/72577

In der näheren Umgebung von Uelzen liegt auch der Erholungsort Suhlendorf. Das dortige Mühlenmuseum hält außer Modellen von Mühlen, Schiffen und anderen Sehenswürdigkeiten in der Heide eine besondere Überraschung bereit: In der Waldmühle kann man die Buchweizentorte in luftiger Höhe in einem Turmcafé zu sich nehmen.
Mühlenweg 4
Tel. 05820/1055

DIE HEIDE AM ABEND

**Die Lüneburger Heide ist nicht nur eine
einmalige Naturlandschaft.
Auch als Kunst- und Kulturlandschaft
kann sie sich sehen und hören lassen.**

Giebelparade am Ufer der Ilmenau: Der Stintmarkt mit seinen gemütlichen Kneipen ist ein beliebter Treffpunkt der Lüneburger Jugend.

★ Theater/Kleinkunst

Auf dem Spielplan des Lüneburger «Stadttheaters» steht neben Schauspiel auch Oper und Ballett. Im «TNT» (Treffpunkt Neues Theater) haben Kleinkunst und Kabarett ihren Platz (An den Reeperbahnen 3, Tel. 041 31/ 421 00). Das «Schloßtheater» in Celle ist Deutschlands ältestes ständig bespieltes Theater (Schloßplatz 13, Tel. 051 41/224 55). Das «Theater an der Ilmenau» in Uelzen gibt den Rahmen für große Tourneeaufführungen ab (Greierstraße, Tel. 05 81/80 01 32).

★ Konzerte

Über Musikfestspiele, Schloß- und Kirchenkonzerte informiert eine Veranstaltungsübersicht des Fremdenverkehrsverbandes Lüneburger Heide, Tel. 041 31/737 30).

★ Kino
Lüneburg: «*Union*» (Reichenbachstraße) und «*Scala*» (Apothekenstraße, gemeinsame Tel.

Im Kurhaus Hitzacker finden regelmäßig Musikveranstaltungen statt.

041 31/323 23). Celle: «*Kammer-Lichtspiele*» (Neue Straße 14, Tel. 051 41/238 78); «*Achteinhalb*» (Lachtehäuser Straße 25, Tel. 051 41/351 26). Uelzen: «*Centraltheater*» (Bahnhofstraße 7, Tel. 05 81/25 09).

★ Diskotheken/Tanzlokale
Heiße Diskonächte garantieren die «*Garage*» in Lüneburg (Auf der Hude 71–80) und die «*Musik-Galerie*» in Uelzen (Hansestraße 5). Im «*Hotel Seminaris*» in Lüneburg (Soltauer Straße 3) und im «*Tanzschloß Casino*» in Celle (Langensalzaplatz 1) kann man zu klassischer Tanzmusik eine Sohle aufs Parkett legen.

★ Kneipen/Weinlokale
Neben den Kneipen am Stintmarkt werden in Lüneburg gern der «*Rosenkrug*» (Rosenstraße) und das «*Alte Brauhaus*» (Grapengießerstraße) angesteuert. Beliebte Adressen in Celle sind die «*Alte Weinschenke*» (Piltzer Gasse 9) und die «*Prangerschenke*» (Stechbahn).

Im «Hotel Seminaris» in Lüneburg beginnt ein langer Abend.

Für den anspruchsvollen Gast: das «Parkhotel» in Hitzacker.

■ BLECKEDE
Zum Löwen

Höhepunkt der Saison ist in Bleckede der «Musikalische Frühling». Für die Dauer der Festspiele wird der 200 Jahre alte Gasthof zum Logierhaus der Kunst.
Lauenburger Straße 1
Tel. 058 52/94 00

■ CELLE
Fürstenhof

Wo einst der Adel logierte, schläft man heute in feudal ausgestatteten Zimmern und Suiten. Ein Gourmet-Restaurant macht den Aufenthalt zum Ereignis.
Hannoversche Straße 55/56
Tel. 051 41/20 10

■ HITZACKER
Parkhotel

Das komfortable Kurhotel mit seinen zahlreichen Fitneß-Anlagen bietet eine international ausgerichtete kreative Küche. Im weitläufigen Garten stehen auch Tennisplätze bereit.
Am Kurpark 3
Tel. 058 62/80 81

■ LÜNEBURG
Bergström

Das gut geführte Haus am Alten Hafen setzt auf postmodernes Design. Von den Zimmern, die

Der «Fürstenhof» in Celle.

zur Ilmenau hin gelegen sind, genießt man eine besonders schöne Aussicht.
Bei der Lüner Mühle
Tel. 04131/3080

■ **SOLTAU**
Meyn
Von Häusern wie diesem träumt man als Reisender: Gut ausgestattete Zimmer ergänzen sich mit einem aufmerksamen Service und einem anspruchsvollen kulinarischen Angebot.
Poststraße 19
Tel. 05191/2001

> Ganz in der Nähe von Verden und doch mitten in der Natur liegt das gemütliche **«Landhaus Badenhoop»**. Am offenen Kamin genießt man hier die Spezialitäten einer Region, in der sich schon Klaus Störtebeker wohlgefühlt hat (Keenmoor 13, Tel. 04237/888).

■ **UELZEN**
Stadt Hamburg
Wo einst der hannoversche König logierte, wohnt man auch heute noch äußerst angenehm. Das zentral gelegene Haus verbindet eine klassizistische Fassade mit modernem Komfort.
Lüneburger Straße 4
Tel. 0581/90810

Informationen über **Ferien auf dem Bauernhof** hält die Arbeitsgemeinschaft «Urlaub auf dem Lande» bereit, die auch zünftige Übernachtungen im Heuhotel anbietet (Tel. 04266/93060).

Im Herzen der Lüneburger Altstadt: Hotel-Restaurant «Bergström».

Ein «Gastgeberverzeichnis» mit Unterkünften aller Kategorien gibt der Fremdenverkehrsverband Lüneburger Heide (Lüner Weg 22, 21337 Lüneburg, Tel. 04131/73730) heraus. Ein vollständiges Verzeichnis der **Jugendherbergen** und **Campingplätze** kann ebenfalls dort bestellt werden.

In Bispingen wurde Deutschlands erster **Center Park** eröffnet. Auf einem weitläufigen Naturgelände wohnt man hier in gemütlichen Bungalows. Unter einer großen Glaskuppel liegen Geschäfte, Restaurants und Sportanlagen (Töpinger Straße 69, Tel. 05194/940).

Hotel «Zum Löwen» in Bleckede.

AKTIVE FREIZEIT

Verschwiegene Waldwege, weite Heideflächen und urwüchsige Wacholderhaine: Bei einer Rad- oder Kanutour, zu Fuß oder vom Pferderücken aus lernt man die vielfältige Landschaft der Heide am besten kennen.

Der sandige Boden der Heide ist wie geschaffen für Reiter.

■ Fahrradfahren

Eine Radwanderkarte mit 10 Tourenvorschlägen und Hinweisen auf Sehenswürdigkeiten, Radverleihstellen und Informationsstellen gibt der Fremdenverkehrsverband Lüneburger Heide heraus (Tel. 04131/737 30). Gegen Gebühr ist dort auch der Führer «Rad-Rundkurs Lüneburger Heide» erhältlich, der ein Wegenetz von 350 Kilometern erschließt. Radwanderungen mit Gepäcktransport und Übernachtung organisieren neben dem Fremdenverkehrsverband Celler Land (Tel. 05141/124 55) und der Kurverwaltung Hitzacker (Tel. 05862/969 70) auch zahlreiche andere Verkehrsbüros und private Anbieter.

Anglerwochen im landschaftlich reizvollen Elbstromtal mit seinen fischreichen Flüssen, Seen und Bracks vermittelt die Kurverwaltung Gartow (Nienwalder Weg 1, 29471 Gartow, Tel. 05846/333). Das Arrangement beinhaltet 7 Übernachtungen mit reichhaltigem Frühstück und eine Wochen-Angelkarte. Information über Angelferien erteilt auch die Arbeitsgemeinschaft «Urlaub auf dem Lande» (Tel. 04266/930 60).

Begegnung der besonderen Art: Serengeti-Park Hodenhagen.

■ Reiten

Die Lüneburger Heide ist ein Paradies für Reiter, neben reinen Reiterhöfen gibt es Reiterhotels und Bauernhöfe mit Reitmöglichkeit. Ein breitgefächertes Angebot zeichnen den *«Ferienclub Lüneburger Heide»* (29473 Göhrde, Tel. 058 62/170), das *«Reiterland Splietau»* (29451 Splietau/ Dannenberg, Tel. 058 61/84 02) und den *«Reiterhof Pussade»* (Pussader Straße 16. 29456 Hitzacker, Tel. 058 62/72 04) aus.

■ Schwimmen

Die vom Fremdenverkehrsverband Lüneburger Heide herausgegebene Ausflugskarte verzeichnet 22 Freizeitseen, die während der Sommermonate Gelegenheit zum Baden, Surfen und Segeln bieten. Im Winter sorgen das *«Celler Badeland»* (77er Straße), das *«Badeland Uelzen»* (Veerszer Straße 77) und die *«Salztherme Lüneburg»* (Uelzener Straße 1–3) für Spaß bei großen und kleinen Wasserratten.

■ Wandern

Geführte Wanderungen organisieren die Verkehrsvereine der Städte Bispingen (Tel. 051 94/887), Neuenkirchen (Tel. 051 95/17 18), Wienhausen (Tel. 051 49/88 99) und Uelzen (Tel. 05 81/24 83). Wer die Heide auf eigene Faust erkunden möchte, kann dort eine Broschüre mit geographischen Erläuterungen und Karten erwerben.

■ Wasserwandern

Bei einer Kanutour auf Oker, Aller, Örtze und Ilmenau lernt man die Tier- und Pflanzenwelt der Lüneburger Heide aus einem ungewohnten Blickwinkel kennen. Tagesfahrten und mehrtägige Touren bieten *«Kingfishers Boots- tours»* (Nachtigallenweg 6, 29342

Eröffnet neue Perspektiven: Wasserwandern auf den Heideflüssen.

Wienhausen, Tel. 050 82/13 59), der *«Heide-Service»* (Unterlüßer Straße 2, 29328 Müden/Örtze, Tel. 050 53/15 76) und *«Rauteg Sport's»* (Stresemannstraße 7, 21335 Lüneburg, Tel. 041 31/446 35).

Im Wildpark Lauenbrück erleben Kinder hautnahen Kontakt mit Wildtieren.

■ Tier- und Freizeitparks

Auf dem Gelände des «*Wildparks Lüneburger Heide*» in Nindorf-Hanstedt leben mehr als 1000 Tiere, darunter Elche, Rentiere, Bären und Wölfe. Im Kinderzoo gibt es Gelegenheit zum Streicheln und Anfassen (Sommer: täglich 8.30 bis 19 Uhr, Einlaß bis 17.30 Uhr, Winter: 9 Uhr bis Einbruch der Dunkelheit, Einlaß bis 16 Uhr). Im «*Heide-Park Soltau*» heißt es sich festhalten: In den Loopingbahnen geht es ganz schön rund, und bei der Wildwasserfahrt fühlt man sich wie ein Holzfäller in den Rocky Mountains (April–Oktober täglich 9–18 Uhr, Einlaß bis 16 Uhr). Wer seinen Kindern schon alles geboten hat, macht vielleicht mit einer Giraffe Eindruck, die bedächtig die Autoscheiben sauberleckt: Im «*Serengeti-Park*» in Hodenhagen leben Tiere aus aller Welt in freier Natur und können vom Auto aus beobachtet werden (März–Oktober, täglich 10–17 Uhr). Im «*Vogelpark Walsrode*» haben Vögel aus fünf Kontinenten eine neue Heimat gefunden (März–Oktober, täglich 9–19 Uhr).

■ Lebendige Archäologie

Im «*Archäologischen Zentrum Hitzacker*» erleben Kinder, wie es ihren Vorfahren in der Steinzeit erging: Von Studenten angeleitet, können sie auf einem großen, in der Frühzeit tatsächlich besiedelten Gelände einen Einbaum bauen, Brot backen und mit Lehm so lange matschen, bis ein Haus daraus geworden ist (April und Oktober Mi–Fr 10–16 Uhr, Mai–September Mi–Fr 10–18 Uhr, April bis Oktober Sa, So 11–17 Uhr).

■ Puppentheater

Für Ulk und Klamauk sorgt die «*Marionettenbühne*» in Dannenberg. Da spielt schon einmal ein Stück, das den einfachen Namen «Der satanarchäolügenialkohöllische Wunsch-Punsch» trägt (Termin-Auskünfte und Reservierungen unter Tel. 05865/483).

Hier geht es rund: Loopingbahn im «Heide-Park Soltau».

■ **Bleckede** ④. Am Ostrand der Lüneburger Heide liegt der *Naturpark Elbufer-Drawehn*, ein Paradies für Wanderer, Reiter und Naturfreunde. Über die Flora und Fauna der Region informieren das

Historisches Wandgemälde im Celler Bomann-Museum.

Elbtalhaus in Bleckede, Lauenburger Straße 15, Tel. 058 52/28 99, und die *Informationsstelle Naturschutz* in Dannenberg, Am Markt 5, Tel. 058 61/51 88.

■ **Celle** ⑤. Das *Bomann-Museum* am Schloßplatz gibt einen Überblick über Kultur und Geschichte der Lüneburger Heide. Benannt wurde es nach seinem Förderer, dem Celler Fabrikanten Wilhelm Bomann. Neben dem bäuerlichen Arbeitsalltag wird auch das städtische Leben vergangener Jahrhunderte dokumentiert.
Schloßplatz 7
April–Okt. Di–So 10–17 Uhr, Nov.–März So nur 10–13 Uhr

■ **Gifhorn** ⑨. Das *Historische Museum Schloß Gifhorn* veranschaulicht die Entwicklung der Region von der Frühgeschichte bis in die Gegenwart. Auch die Naturgeschichte wird berücksichtigt.

Einzigartiges Zeugnis der Mühlengeschichte: Mühlenpark Gifhorn.

Schloß Gifhorn
Di–Fr 14–18 Uhr, Sa, So 11–17 Uhr

Auf dem Gelände des *Internationalen Wind- und Wassermühlenparks* stehen inzwischen neun Originalmühlen. In einer Ausstellungshalle werden Mühlenmodelle aus der ganzen Welt gezeigt.
Bromer Straße
März–Okt. tägl. 10–18 Uhr, Nov. Di–So 10–17 Uhr, Dez. Sa, So bei schönem Wetter 10–17 Uhr

Lüchow ⑭. Der *Wendlandhof*, ein ehemaliger Bauernhof mit Nebengebäuden, ist gewachsener Bestandteil des Rundlingsdorfs Lübeln. In den authentisch eingerichteten Räumen werden Trachten und Gegenstände des täglichen Gebrauchs gezeigt.
Ortsteil Lübeln
Mai–Sept. tägl. 10–18 Uhr, April und Okt. Di–So 14–18 Uhr

Lüneburg ⑮. Im *Brauerei-Museum* werden die einzelnen Produktionsschritte der Bierbrauerei anschaulich dargestellt. Die Ausstellung ist in den Räumen des alten Kronen-Brauhauses untergebracht, wo bereits seit 1485 Bier hergestellt wird.
Heiligengeiststraße 39–41
Täglich 10–12 Uhr und 15 bis 17 Uhr

Kunst in der Landschaft: Freilichtobjekt bei Neuenkirchen.

Im *Deutschen Salzmuseum* erfährt man alles Wissenswerte über das «Weiße Gold». In den ehemaligen Produktionsgebäuden der Saline sind historische und moderne Siedeanlagen zu sehen.
Sülfmeisterstraße 1
Mo–Fr 9–17 Uhr, Okt.–April 10 bis 17 Uhr, Sa, So 10–17 Uhr

Das *Museum für das Fürstentum Lüneburg* zeigt Ausstellungsstücke zur Lüneburger Stadtgeschichte. Weitere thematische Schwerpunkte sind sakrale Kunst und Vorgeschichte.
Wandrahmstraße 10
Di–Fr 10–16 Uhr, Sa und So 11 bis 17 Uhr

Ein Muß für Biertrinker: das Lüneburger Brauerei-Museum.

Wunderwerk der Technik: das Schiffshebewerk in Scharnebeck.

■ **Neuenkirchen** ㉔. Die aus alten Gebäuden rekonstruierte Hofanlage *Schroers Hof* in der Ortsmitte dokumentiert die bäuerliche Vergangenheit der Gemeinde.
Kirchstraße 9
Juli–Sept. So 15.30–17.30 Uhr

In der Umgebung von Neuenkirchen ist auf Initiative der *Galerie Falazik* eine Kunstlandschaft mit Freilichtobjekten in- und ausländischer Künstler entstanden.
Springhornhof
Di–Fr 14–18 Uhr, Sa, sonn- und feiertags 10–18 Uhr

■ **Scharnebeck** ㉕. Ein Muß für Technikfans ist das Schiffshebewerk bei Scharnebeck: Tonnenschwere Frachtkähne werden hier in wassergefüllten Trögen 38 Meter hinauf bzw. hinunterbefördert. Informationen über Besichtigungsfahrten unter Tel. 041 36/907 21.

■ **Scheeßel** ㉖. Hier wird Brauchtumspflege großgeschrieben: Das *Heimathausgelände* mit seinen regionaltypischen Gebäuden und Gerätschaften bildet den Rahmen für die Aufführungen lokaler Trachten- und Volkstanzgruppen. Ein bedeutendes Denkmal der niedersächsischen Fachwerkbaukunst ist der *Meyerhof*, zu dem auch eine funktionstüchtige Blaudruckerei gehört.
Am Meyerhof
Mai–Sept. sonn- und feiertags 10–12 Uhr und 14–18 Uhr

■ **Soltau** ㉗. Die Sammlung des *Norddeutschen Spielzeugmuseums* gehört zu den größten ihrer

Das **Feuerwehrmuseum** in Neu-Tramm bei Dannenberg ist im norddeutschen Raum einzigartig: Rund 1500 Exponate hat ein leidenschaftlicher Sammler hier zusammengetragen, darunter allein 40 Fahrzeuge (Öffnungszeiten April–Oktober Sa, sonn- und feiertags 10–16 Uhr, Juni bis September zusätzlich Mi und Fr 14–16 Uhr).

Art in Deutschland: Neben mehr als 100 Puppen, alten Puppenstuben und Puppenküchen mit Zubehör umfaßt sie Spielzeug aus vier Jahrhunderten. Besonderen Anklang bei kleinen Besuchern findet das «Steiff»-Orchester.
Poststraße 7
Nov.–April Sa, So 14–17 Uhr, Mai–Okt. Di–So 14–17 Uhr

Uelzen ⑱. Im Barockschloß Holdenstedt südlich von Uelzen ist das städtische *Heimatmuseum* untergebracht. Als Herrenhaus einer Lüneburger Adelsfamilie wurde es zwischen 1700 und 1708 auf den Resten einer Wasserburg erbaut. Unter den Exponaten ragt eine Sammlung von Schmuck- und Gebrauchsgläsern des 16. bis 20. Jahrhunderts hervor.

per Kutsche gelangt man nach Wilsede, wo das *Heimatmuseum* «*Dat Ole Huus*» die typische Einrichtung eines Heide-Bauernhauses bewahrt (Mai–Sept. Di–So 10 bis 12 und 14–17 Uhr). Der «Verein Naturschutzpark» unterhält Informationshäuser in Undeloh, Niederhaverbeck 7, Tel. 051 98/408, und Niederhaverbeck, Hans-Pforte-Haus, Tel. 051 98/379.

Im Erdölmuseum Wietze sind alte und neue Bohrgeräte ausgestellt.

Schloß Holdenstedt
April–Okt. Di–Sa 14.30–17 Uhr, So 11–17 Uhr, 15.3.–31.3. Mi und Sa 14.30–17 Uhr, 1.11. bis 31.12. So 14–17 Uhr

Undeloh ⑲. Im *Naturschutzpark Lüneburger Heide* sind die größten zusammenhängenden Heideflächen Westeuropas unter Schutz gestellt. Neben Undeloh bieten sich auch Nieder- und Overhaverbeck als Ausgangspunkte für Wanderungen an. Zu Fuß oder

Wietze ⑳. 1858 wurde hier die erste erfolgreiche Erdölbohrung vorgenommen. Nachdem die Förderung 1963 als unrentabel eingestellt worden war, richtete man auf dem ausgedehnten Gelände ein *Erdölmuseum* ein. Die erhaltenen Förderanlagen lassen nachvollziehen, wie das «Schwarze Gold» früher gewonnen wurde.
Schwarzer Weg 7–9
April–Okt. Di–Fr 10–12 Uhr und 14–17 Uhr, Sa, So 10–17 Uhr, Juni bis Aug. Di–So 10–18 Uhr.

Sechsspännige Kutschen bei der Celler Hengstparade.

DIE SCHÖNSTEN AUSFLÜGE

Hamburg und Bremen liegen vor der Tür, zur Nord- und Ostsee ist es nicht weit, und auch die Seenlandschaft Mecklenburgs können Sie von hier aus entdecken.

Hannovers bauhistorisches Prunkstück: der Große Garten in Herrenhausen.

Residenzstadt Hannover

Der etwas bodenständige Charme der niedersächsischen Landeshauptstadt erschließt sich dem Besucher erst auf den zweiten Blick. Dabei mangelt es keinesfalls an reizvollen Zielen: Neben dem 1857 erbauten *Welfenschloß* (heute Universität), dem klassizistischen *Opernhaus*, dem *Leibnizhaus* und dem *Leineschloß*, in dem heute der Landtag residiert, lockt in der City eine der größten Fußgängerzonen Europas. Das *Sprengelmuseum* ist in der Kunstwelt eine feste Größe (Mi–So 10–18 Uhr). Hilfestellung bei der Stadtbesichtigung gibt der «Rote Faden», eine Pflastermar-

kierung, die auf einer Gesamtlänge von 4698 Metern zu allen Sehenswürdigkeiten der Innenstadt führt. Eine kulturhistorische Besonderheit ist der *Große Garten*

Verspielte Märchenkulisse: die Türme des Schweriner Schlosses.

in *Herrenhausen*, der als einziger deutscher Barockgarten stilrein erhalten blieb. In seinem 1689 errichteten *Theater* finden im Sommer stimmungsvolle Freilichtaufführungen statt. Weit jünger als die Herrenhäuser Gartenanlagen ist der künstlich angelegte *Maschsee,* der mit seiner Wasserfläche von 78 Hektar mitten in der Stadt zu Bootsfahrten einlädt.

Über die Elbe nach Mecklenburg

In Neu-Darchau bei Bleckede legt zwischen 5.30 Uhr am Morgen und 21 Uhr am Abend regelmäßig eine Auto-Fähre ab, mit der man in wenigen Minuten nach Mecklenburg, der Heimat Fritz Reuters, gelangt. Der einstmals ferne Landstrich ist inzwischen so nahe gerückt, daß Städte wie *Ludwigslust* überall im Wendland ausgeschildert sind. Und in der Tat ist es vom Fähranleger aus nur noch eine knappe Stunde Fahrt in die ehemalige Residenzstadt mit ihrem

von Peter Joseph Lenné gestalteten *Park* und der prächtigen *Stadtkirche*. Aber auch das ehemalige herzogliche Gestüt *Redefin* mit seinen klassizistischen *Stallanlagen* und die Hansestadt *Wismar* mit ihren gotischen *Backsteinkirchen* bieten sich als Ziele für einen Tagesausflug an. In *Schwerin* sollte man neben dem verspielt wirkenden *Schloß* mit seinen Türmchen und Erkern auch dem *Marstall* und dem *Mecklenburgischen Staatstheate*r einen Besuch abstatten. Den Marktplatz beherrscht der *Dom St. Maria und St. Johannes Evangelista* – ein bedeutendes

Beispiel norddeutscher Backsteingotik. Das *Staatliche Museum* beherbergt eine Kunstsammlung, die Werke vom Mittelalter bis zur Gegenwart umfaßt (täglich außer montags 10–17 Uhr).

Hamburg – Tor zur Welt

In Deutschlands grünster Groß-stadt laden nicht weniger als zehn Einkaufspassagen zum Bummeln ein. Sehenswert sind neben dem wenigen Minuten zum *Hafen*, wo Dampfer und Barkassen zur Fahrt durch die *Docks* und die *Speicher-stadt* starten. Neben dem *Fisch-markt* ist die berühmt-berüchtigte *Reeperbahn* Ziel vieler Besucher.

Im Sonnenschein verwandeln sich Binnen- und Außenalster in leuch-tendblaue Seen (oben).

Rathaus und der *Börse* das bizarre *Chilehaus* und die *Krameramts-wohnungen* aus dem 17. Jahrhun-dert. Die Hamburger *Kunsthalle* gehört zu den bedeutendsten Mu-seen in ganz Europa (Di–So 10 bis 18 Uhr, Do bis 21 Uhr). Vom Turm des «*Michel*» genießt man einen herrlichen Rundblick über die Stadt. Zur Rast lädt anschließend der *Al-sterpavillon* ein, wo schon Heinrich Heine seinen Kaffee zu trinken pflegte. Vom nahen U-Bahnhof Jungfernstieg aus gelangt man in

Kinder sind in *Hagenbecks Tier-park* besser aufgehoben. In *Blan-kenese*, dem Neapel des Nordens, führen unzählige Treppen hinauf zum Süllberg, wo man einen herrlichen Blick über die Elbe genießt.

Wahrzeichen der Stadt Bremen: der Roland vor dem gotischen Rathaus.

lischen Fußgängerbereichen gehört zu den Schmuckstücken der Stadt. Maritime Atmosphäre vermittelt der Stadtteil *Vegesack* mit seiner schönen Weserpromenade:

Hansestadt Bremen

Die Freie Hansestadt Bremen blickt auf eine lange Geschichte als bedeutende Seehandelsmetropole zurück. Waren aus aller Welt trugen zur wirtschaftlichen Blüte des Stadtstaates bei. Die neugestaltete Handwerkergasse «*Böttcher-straße*» und die romantischen Gassen des *Schnoorviertels* lassen diese Epoche wiederaufleben. Den *Marktplatz* bezeichnen die Bremer gern als ihre «gute Stube»: Beherrschende Bauten sind das *Rathaus*, der «*Schütting*» und der *St.-Petri-Dom* mit dem Bleikeller. Das *Ostertorviertel* mit seinen idyl-

Bereits um 1620 wurde hier der erste künstliche Hafen Deutschlands angelegt. Sammlungen zur Natur- und Völkerkunde zeigt das *Übersee-Museum* (täglich außer montags 10–18 Uhr).

NÜTZLICHE TIPS UND ADRESSEN

Ein Tauschmarkt wie Anno dazumal: der Gallusmarkt in Hitzacker.

Auskunft: Das Urlaubsmagazin «Die Heide» versendet der Fremdenverkehrsverband Lüneburger Heide, Barckhausenstraße 35, 21335 Lüneburg, Tel. 04131/ 737 30. Ausführlichere Informationen über die einzelnen Urlaubsregionen der Heide kann man bei den auf Seite 60 aufgeführten Adressen anfordern. Ein nützlicher Reisebegleiter ist die Falk-Heimatkarte «Lüneburger Heide-Nord» und «-Süd» (1:75 000).

Feiertage: In Niedersachsen gelten alle bundesweiten Feiertage.

Fundbüros: Für Fundsachen sind die Stadt- und Gemeindeverwaltungen zuständig. In Lüneburg ist das Fundbüro im Gebäude des Ordnungsamts untergebracht (Reitende-Diener-Straße 8, Tel. 04131/30 92 69), gleiches gilt für Celle (Hannoversche Straße 26, Tel. 05141/125 12).

Medizinische Versorgung und ärztliche Notdienste: Unter der Tel. 192 22 (unter jeder Vorwahl) gibt die Rettungsleitstelle rund um die Uhr Auskunft über kassen- und zahnärztliche Notdienste so-

Der Gartower See lockt mit Kinderspielplatz und Bootsverleih.

wie über Apotheken mit Bereitschaftsdienst. Feuerwehr, Unfall- und Rettungsdienst sind unter Tel. 112 zu erreichen.

Tiere und Pflanzen, die in der Lüneburger Heide häufig vorkommen:
Damwild ①, Wildkaninchen ②, Heidschnucke ③, Schwertlilie ④, Erica ⑤,
Rohrkolben ⑥, Ginster ⑦, Besenheide ⑧, Wacholder ⑨, Kuckuck ⑩,
Wiesenpieper ⑪ und Rotrückenwürger ⑫.

Öffnungszeiten: Für Ladengeschäfte, Banken und Postämter gelten die bundesweit üblichen Öffnungszeiten. Viele Gasthäuser und Museen schränken ihre Öffnungszeiten im Winter stark ein.

In Celle kann man Norddeutschlands größte Orchideenzucht besichtigen.

Pannenhilfe: Rund um die Uhr ist der Pannendienst des ADAC besetzt, den man im ganzen Bundesgebiet zum Ortstarif unter Tel. 018 02/222 22 22 erreichen kann. Der Pannenservice des ACE meldet sich unter Tel. 018 02/34 35 36.

Veranstaltungshinweise: Das Programm der laufenden Woche ist der lokalen Tagespresse zu entnehmen. Über aktuelle Veranstaltungen informieren auch der «Lüneburger Monatsspiegel», «Celler & Szene», der Uelzener «Uhlenspiegel», «Guten Morgen Soltau» und der halbjährlich erscheinende «Kultur-Spiegel» für die Region Lüchow-Dannenberg.

Zusätzlich zum Fremdenverkehrsverband in Lüneburg erteilen die
Urlaubszentren in den neun Ur-
laubskreisen der Lüneburger Heide Auskunft über ihr Gebiet:

Celler Land
Markt 6, 29221 Celle
Tel. 051 41/12 12

Südheide Gifhorn
Schloßplatz 1, 38156 Gifhorn
Tel. 053 71/824 83

Elbe und Heide
Kreishaus, 21423 Winsen/Luhe
Tel. 041 71/69 35 39

**Wichtigste Pferdeschau Deutsch-
lands: die Celler Hengstparade.**

Heide-Wümme-Oste
Kreishaus
27356 Rotenburg/Wümme
Tel. 042 61/753 20

Soltau-Fallingbostel
Winsener Straße 17
29614 Soltau
Tel. 051 91/97 06 38

Tourismuskreis Uelzen e.V.
Postfach 11 36, 29501 Uelzen
Tel. 05 81/730 40

Verden
Bremer Straße 4, 27283 Verden
Tel. 042 31/154 80

**Der «Heide-Park» in Soltau: eine
Miniaturversion von Disney-Land.**

Wendland-Elbufer-Drawehn
Königsberger Straße 10
29439 Lüchow
Tel. 058 41/12 02 61

Lüneburg Stadt und Land
Tourist-Info am Markt
21335 Lüneburg
Tel. 041 31/322 00

**Ein idyllisches Fleckchen Erde: das
Elbstromtal bei Hitzacker.**

FESTE UND VERANSTALTUNGEN

In der Heide wird immer irgendwo gefeiert: Stadtfest in Lüneburg.

■ Januar/Februar

Hallen-Reitturnier und Hengst-körungen in Verden/Aller, Stöckter Faslam-Umzug in Winsen/Luhe, Musikwoche in Hitzacker.

Eine lange Tradition hat in Ameling-hausen die Wahl der Heidekönigin.

■ März/April

Störtebeker-Spende in Verden/Aller (Stadtfest zum Gedenken an den berühmten Freibeuter der Meere), Ostereier-Märkte in Holdenstedt, Wienhausen und Soltau, Buerbeerfest in Lüchow-Bösel, Irish-Folk-Festival in Uelzen.

■ Mai/Juni

Spargelsonntag in Lüchow, Teppichwoche im Kloster Wienhausen, Lüneburger Bachwoche, Heidschnuckenmarkt in Soltau.

■ Juli/August

Heidschnucken-Bockauktion in Müden/Örtze, Heidelbeerfest in Walsrode, Sommerliche Musiktage und Tage der lebendigen Archäologie in Hitzacker, Heideblütenfeste in Amelinghausen und Schneverdingen.

■ September/Oktober

Celler Hengstparade, Holdenstedter Schloßwochen, Kartoffelfest in Neuenkirchen, Erntefest in Bardowick, Hafenfest in Bleckede.

■ November/Dezember

Festival Neue Musik in Lüneburg, Schlachtefest in Hösseringen, Weihnachtsmärkte in Lüneburg, Celle, Wienhausen und Bleckede.

Die Heide am Abend – ein Bild völliger Abgeschiedenheit und Ruhe.

TEXT- UND BILDNACHWEIS

Text: Seiten 8–27 (Highlights) von Barbara Schnabel, alle anderen Texte von Anne Leier.
Bilder: Fritz Dressler, Worpswede: Seite 55; Jörg Axel Fischer, Hannover: Seiten 1 u., 2 u., 3, 8 u., 9 o., 10 (3), 14 u., 15 u., 19 (2), 23 u., 24 (2), 25 (2), 26 u., 35 o., 41 o., 45 (2), 46, 48, 49 o., 50, 51, 58 o., 59, 60 o., M., 61 o., 63; Fremdenverkehrsverband Lüneburger Heide: Seite 37 o.; Heide-Park Soltau: Seite 47; Susanne Hinderks, Bremen: Seite 57; Hotel Seminaris, Lüneburg: S. 41 u.; Hotel zum Löwen, Bleckede: Seite 43 u.; Ulrich Kerth, München: Seite 35 u.; Landkreis Gifhorn: Seite 4 o.; Axel M. Mosler, Dortmund: Seite 54; Gerhard Peter Müller, Dortmund: Seiten 1 o. M., 2 o., 4 u., 5, 6/7, 8 o., M., 9 u., 11 (2), 12, 13 (2), 14 o., M., 15 o., 16, 17, 18, 20, 21 (3), 22 (3), 23 o., 26 o., 26/27, 27(2), 28/29, 30, 30/31, 31, 32, 33 (2), 34, 39, 40/41, 48/49, 52/53, 58 u., 60 u., 61 u., 62; Sandra Mulzer, München: Seiten 38, 42 u., 43 o., 49 u.; Parkhotel Hitzacker: Seite 42 o.; Michael Posdzior, Hamburg: Seiten 56/57; Südsee-Camp, Wietzendorf: Seite 44; Völkers Hotel, Hermannsburg: Seite 37 u. – Die Karten auf den Seiten 1, 31, 54, 55, 56, 57 und auf dem Einband zeichnete Astrid Fischer-Leitl, München, das Tableau auf Seite 59 und die Kartenpiktogramme Elisabeth Cornelius, München. – Einbandmotive: Schafstall im Naturschutzpark Lüneburger Heide (oben), Schäfer mit Hunden bei Undeloh (unten links), Konzert vor dem Schloß in Celle (unten rechts).

Alle Angaben dieses Bandes wurden sorgfältig recherchiert und auf Stimmigkeit und Aktualität geprüft. Allerdings kann keine Haftung für die Richtigkeit der Informationen übernommen werden. Für Hinweise sind wir jederzeit dankbar. Zuschriften an Südwest Verlag, Lektorat, Goethestraße 43, 80336 München.

Konzeption: Axel Schenck
Lektorat: Anja Feise
Graphische Gestaltung: Barbara Markwitz
Umschlag: Günther Herrmann, Hamburg
Herstellung: Angelika Kerscher, Armin Köhler

Redaktionsschluß: Januar 1996

Herausgeber: Falk-Verlag AG
© 1996 by Südwest Verlag GmbH & Co. KG, München
Alle Rechte vorbehalten
Repro: Layout & Grafik 1000 GmbH, München
Druck und Bindung: EGEDSA S. A., E-Sabadell
ISBN 3-8279-0552-4

Das Lüneburger Nachtleben spielt sich rund um den Stintmarkt ab.

STICHWORTVERZEICHNIS

Kursivierungen verweisen auf Abbildungen.